BEI GRIN MACHT SICH IHR WISSEN BEZAHLT

- Wir veröffentlichen Ihre Hausarbeit, Bachelor- und Masterarbeit

- Ihr eigenes eBook und Buch - weltweit in allen wichtigen Shops

- Verdienen Sie an jedem Verkauf

Jetzt bei www.GRIN.com hochladen und kostenlos publizieren

Hannah Amhaz

"60 Jahre Kommunismus - 1000 Jahre Islam"...?! - "Das Schwert des Islam" von Peter Scholl-Latour als Beispiel für den populär-wissenschaftlichen Umgang mit dem Islam

GRIN Verlag

Bibliografische Information der Deutschen Nationalbibliothek:

Die Deutsche Bibliothek verzeichnet diese Publikation in der Deutschen Nationalbibliografie; detaillierte bibliografische Daten sind im Internet über http://dnb.d-nb.de/ abrufbar.

Dieses Werk sowie alle darin enthaltenen einzelnen Beiträge und Abbildungen sind urheberrechtlich geschützt. Jede Verwertung, die nicht ausdrücklich vom Urheberrechtsschutz zugelassen ist, bedarf der vorherigen Zustimmung des Verlages. Das gilt insbesondere für Vervielfältigungen, Bearbeitungen, Übersetzungen, Mikroverfilmungen, Auswertungen durch Datenbanken und für die Einspeicherung und Verarbeitung in elektronische Systeme. Alle Rechte, auch die des auszugsweisen Nachdrucks, der fotomechanischen Wiedergabe (einschließlich Mikrokopie) sowie der Auswertung durch Datenbanken oder ähnliche Einrichtungen, vorbehalten.

Impressum:

Copyright © 2011 GRIN Verlag GmbH
Druck und Bindung: Books on Demand GmbH, Norderstedt Germany
ISBN: 978-3-656-34829-0

Dieses Buch bei GRIN:

http://www.grin.com/de/e-book/207114/60-jahre-kommunismus-1000-jahre-islam-das-schwert-des-islam

GRIN - Your knowledge has value

Der GRIN Verlag publiziert seit 1998 wissenschaftliche Arbeiten von Studenten, Hochschullehrern und anderen Akademikern als eBook und gedrucktes Buch. Die Verlagswebsite www.grin.com ist die ideale Plattform zur Veröffentlichung von Hausarbeiten, Abschlussarbeiten, wissenschaftlichen Aufsätzen, Dissertationen und Fachbüchern.

Besuchen Sie uns im Internet:

http://www.grin.com/

http://www.facebook.com/grincom

http://www.twitter.com/grin_com

Freie Universität Berlin   20.03.2011

„60 Jahre Kommunismus - 1000 Jahre Islam"...?!
Das Schwert des Islam von Peter Scholl-Latour als Beispiel
für den populär-wissenschaftlichen Umgang mit dem Islam

Hannah Amhaz

Gliederung

1 Einleitung: Das Feindbild „Islam"...1

2 Das Islambild als Teil des orientalistischen Diskurses.......................................2

3 Das Werk *Das Schwert des Islam*
    3.1 Inhalt...4
    3.2 Autor...4
    3.3 Wahl der Textpassage...5
    3.4 Zusammenfassung..5

4 Analyse
    4.1 Erster Abschnitt..6
    4.2 Zweiter Abschnitt...7
    4.3 Dritter Abschnitt...11
    4.4 Vierter Abschnitt..13
    4.5 Sprache der Bilder..15

5 Fazit...16

6 Literaturverzeichnis...18

1 Einleitung: Das Feindbild „Islam"[1]

Auf der Suche nach Informationen über die „Welt des Islam" und seine Lehre stößt man im Heiligen Römischen Reich des frühen 17. Jahrhunderts auf Werke wie die des Salomon Schweigger. Seine deutschsprachige Übersetzung des Korans erschien 1616 unter dem Titel *AL CORANUS MAHOMETICUS, Das ist: Der Türcken Alcoran / Religion und Aberglauben*[2], dessen Notwendigkeit der Autor damit begründet, dass man den Feind kennen müsse, um ihn besiegen zu können, wobei seine Übersetzung kaum mit dem Original übereinstimmt. Niemanden versetzt das in Erstaunen, denn von einem christlichen Gelehrten jener Zeit wird keine differenzierte Auseinandersetzung mit dem Islam erwartet.

Heute ist das natürlich ganz anders: Der aufgeklärte Geist des Abendlandes hat längst die starren Mauern christlicher Machtstrukturen gesprengt! So bietet sich endlich die Chance, die arabische Welt kennen zu lernen und zu erforschen und mit den aus zahlreichen Kriegen hervorgegangen Feindbildern ein für allemal aufzuräumen.

Leider hat diese Theorie einen entscheidenden Haken. Das Feindbild „Islam" und der orientalistische Diskurs über die arabischen Länder, ihre Kulturen und Religionen sind längst keine Phänomene des 17. Jahrhunderts, sondern prägende Bestandteile unserer Zeit. Wenn auch oder vielleicht gerade weil die Auswahl an Informationsmaterial über den Islam und den Orient scheinbar bis ins Unendliche reicht und sogar jeder Privatsender meint, über den Islam aufklären zu müssen, haben sich alte Denkstrukturen durchgängig halten können
und genießen weiten Rückhalt in der deutschen Bevölkerung.[3] [4]

In der vorliegenden Arbeit gehe ich der Frage nach, mit welcher Methode zeitgenössische Autoren zur Erschaffung bzw. zur Stärkung eines Islam-Feindbildes beitragen. Grundlage meiner Analyse ist das Buch des Publizisten Peter Scholl-Latour „Das Schwert des Islam", das mir nach Auseinandersetzung mit verschiedenen Publikationen zum Thema als

---

[1] Anmerkung zum Titel-Zitat („60 Jahre Kommunismus – 1000 Jahre Islam"): Dabei handelt es sich um ein gleichnamiges Kapitel aus dem Werk „Allah ist mit den Standhaften" von Peter Scholl-Latour.

[2] Weiter: *Auß welchem zu vernemen / Wann unnd woher ihr falscher Prophet Machomet seinen ursprung oder anfang genommen;* Özoguz, http://www.eslam.de/begriffe/q/pdf/altedeutschequrane.pdf. [Stand: 20.02.2011]

[3] Vgl. Bielefeldt, S. 4 ff.; Danske, http://europenews.dk/de/node/41170. [Stand: 20.3.2011]

[4] Außerdem hat sich die wissenschaftliche Vorgehensweise nicht im Verhältnis zu den Möglichkeiten der Forschung weiter entwickelt, weshalb die sprachliche und inhaltliche Auseinandersetzung mit dem Orient dieselbe ist wie zu Beginn der Orientforschung. Vgl. Said, Edward, Einführung.

besonders sinnvolles Beispiel erscheint.[5] Meinen Schwerpunkt lege ich auf die Untersuchung des Zusammenspiels zwischen inhaltlichen und formalen Kriterien, die ich exemplarisch an einer ausgewählten Textstelle analysieren und interpretieren werde. Zur Heranführung an das Thema habe ich meiner Analyse einen kurzen Einblick in den orientalistischen Diskurs vorangestellt, woran verdeutlicht werden soll, wie weit sich das Phänomen „Feindbild: arabisch-islamischer Osten" in der Vergangenheit zurückverfolgen lässt. Im darauf folgenden Teil stelle ich das Buch sowie seinen Autor in Kürze vor und fasse die untersuchte Textpassage zusammen. Anschließend analysiere ich diese hinsichtlich der genannten Fragestellung auf ihre inhaltlichen und formalen Kriterien. Der Umfang dieser Arbeit lässt es leider nicht zu, die Richtigkeit der historischen Bezugnahmen im Einzelnen zu untersuchen - dass es unter ihnen allerdings zahlreiche Ungereimtheiten gibt, steht außer Frage.[6][7]

2 Das Islambild als Teil des orientalistischen Diskurses

Gernot Rotter zufolge geht das heutige Orientbild des Westens auf ein Negativbild der Sarazenen – der ursprünglichen Araber – zurück, welches bereits im Alten Testament zum Ausdruck kommt. Als Nachkommen Hagars, der Magd Abrahams, die im Gegensatz zu der Mutter der Juden in die Wüste geschickt wurde, hatten die *Hagareni* stets den Beinamen „Nomaden", denen räuberisches Treiben vorgeworfen wurde.[8] Die Ausbreitung des Islams veränderte scheinbar nichts an diesem Bild und nahm spätestens mit den byzantinischen Kriegen endgültig Einzug in Europa. Durch die Märtyrer von Cordoba, allen voran der spanische Bischof Eulogius, wurde durch bewusste Verunglimpfung und historische Fiktionen ein Negativbild des Islams geschaffen, „das teilweise bis heute fortwirkt".[9]
Das gegensätzliche Pendant zu dieser Strömung ist in der Zeit der Aufklärung und Romantik zu suchen. Hier wurde die islamische Welt in unterschiedlichem Maße stark verklärt, wofür

---

[5] In ihrer Studie zum Thema „Islamischer Fundamentalismus" kommt Laila Abdallah außerdem zu dem Ergebnis, dass dieses Werk in die Kategorie der öffentlichkeitswirksamsten Bücher fällt und daher eine große Rolle bei der Verstärkung von Feindbildern spielt. Vgl. Abdallah, S. 94 ff.
[6] Vgl Kappert, S.137 ff.
[7] Existierende Feindbilder werden zudem durch inhaltliche Korrekturen nicht entkräftet, denn ihr Wesen basiert auf abstrakten Deutungsmustern, deren Analyse entscheidender ist als ihr Inhalt. Vgl. Sommer, S. 19; Hörner, S. 37.
[8] Vgl. Rotter, S. 44 - 46.
[9] Rotter, S. 47.

Lessings „Nathan der Weise", Goethes „West-Östlicher Divan" und Karl Mays „Orientzyklus" beispielhaft sind. Arnold Hottinger kam in Bezug auf die Orientforschung der 90er Jahre zu dem Schluss, die deutschsprachigen Länder seien immer noch Länder Karl Mays. Die Schuld dafür sieht er bei der akademischen Disziplin der Orientalistik, die sich in einer „Expertenwelt" selbst eingeschlossen und damit die Auseinandersetzung mit politisch bedeutsamen Themen Journalisten und Politikern überlassen hätten.[10]
Der von Edward Said entscheidend geprägte Begriff des *Orientalismus*' fasst schließlich den im Westen geführten Diskurs über den – durch eben diesen Diskurs erst erschaffenen – *Orient* zusammen, welcher sich seit der Antike in einer zweckgebundenen, sowohl
bewussten als auch unbewussten Trennung zwischen Orient und Okzident manifestiere. Diese Trennung sei aus dem Wunsch nach Identitätsbildung hervorgegangen sowie vorherrschenden Machtinteressen (z. B. zur Legitimierung imperialistischer Ausdehnung bzw. später der begangenen Verbrechen während des Kolonialismus').[11] Dem Islam wird innerhalb dieses (Macht-)Diskurses die Rolle einer globalen Superstruktur mit monolithischem Charakter zugeschrieben, woraus sich eine immer währende Notwendigkeit
ableitet, die ebenso monolithischen abendländischen Traditionen und Werte vor denen „weniger entwickelten" Kulturen zu behaupten.[12] Reinhard Schulze ist zu der Auffassung gekommen, dass mit Ende des Kalten Krieges der Islam als neues (und zugleich altbekanntes) Feindbild benötigt wurde, um politische und wirtschaftliche Interessen in der Region des Nahen Ostens hinter ideologischen Prinzipien zu verbergen.[13] Diese These ist im Hinblick auf das hier untersuchte Werk besonders interessant, wie sich im Folgenden zeigen wird.

---

[10] Vgl. Hottinger, S.191.
[11] Vgl. Said, S. 13 – 24.
[12] Vgl. Said, S. 72 – 76.
[13] Vgl. Schulze, S. 5 f.

3 Das Werk *Das Schwert des Islam*

3.1 Inhalt

Auf dem Cover des 1992 erschienenen Sachbuches und Bestsellers steht es so:

> Der Golfkrieg ist schon fast vergessen, aber der ständige Widerstreit zwischen fundamentalistischem Islam und westlicher Kultur schwelt weiter. Iran, Irak, die kaukasischen Staaten, Sudan, Jugoslawien, das sind nur einige Brennpunkte in einem grundsätzlichen Konflikt, der die islamischen Länder von Marokko bis Malaysia erschüttert. Anschaulich und sachlich erläutert Peter Scholl-Latour die historischen, politischen und sozialen Hintergründe de gegenwärtigen Situation.

Diese Beschreibung lässt bereits vermuten, dass es schwierig ist, den Inhalt dieses Buches prägnant zusammenzufassen. In vier Kapiteln und unter Einbezug zahlreicher Bildmaterialien, meist Fotos oder Fotomontagen, warnt der Autor unter Einbezug zahlreicher historische Belege vor einem „Expansionsdrang" des Islams und dessen folgenschwere Auswirkungen auf den Westen. Zentrale Themen sind der erste Golfkrieg, die islamische Revolution im Iran und der Nahost-Konflikt, die allesamt ihren unmittelbaren Ursprung im Islam hätten.

3.2 Autor

Peter Scholl-Latour, 1924 in Bochum geboren, ist ein deutsch-französischer Journalist, Publizist und Dokumentarfilmer. 1954 studierte er Philologie, Politologie und Arabistik bzw. Orientalistik in Paris, Beirut und Mainz. Er absolvierte eine journalistische Ausbildung und arbeitete für zahlreiche Zeitungen, Rundfunk- und Fernsehsender als Reisereporter und Auslandskorrespondent. Außerdem war er zeitweise Regierungssprecher des Saarlandes, leitete zwischen 1956 und 1983 das ARD und ZDF-Studio in Paris, bevor er Chefredakteur des „Stern Magazin" wurde. Seit 1988 ist er freiberuflich als Publizist tätig. Zu seinen bekanntesten Werken zählen „Der Tod im Reisfeld", „Allah ist mit den Standhaften" und „Der Wahn vom himmlischen Frieden". Scholl-Latour erhielt zahlreiche Auszeichnungen wie den „Siebenpfeiffer-Preis" für besonderes journalistisches Engagement und gilt als viel gefragter Interviewpartner und Islamexperte.[14]

---

[14] Vgl. Hamadeh / Schwarz, S. 25 f.; Hörner, S. 60f.; Daum, http://www.whoswho.de/templ/te_bio.php?PID=934&RID=1. [Stand: 20.03.2011]

3.3 Wahl der Textpassage

Die von mir gewählte Textpassage umfasst das gesamte erste Kapitel „Der lange Weg nach Jerusalem", das die Entwicklung der islamischen Revolution bzw. die Rolle des Islams allgemein seit seiner Entstehung behandelt. Es folgt auf die Einleitung, in der der Autor die Gefahr beschreibt, die seiner Ansicht nach seit Ende des Kalten Krieges in gesteigertem Maße vom Islam ausgeht. Das Kapitel eignet sich meiner Ansicht am besten, um die Methodik Peter Scholl-Latours exemplarisch aufzeigen zu können, da stilistische Eigenarten des Autors, die sich auf ähnliche Weise in seinem gesamten Werk wieder finden, hier besonders deutlich illustriert werden können. Da ich mein Augenmerk darauf richte, das Werk auf seine Methodik hin zu untersuchen und den Schwerpunkt nicht auf seinen Inhalt lege, halte ich das gewählte Kapitel für besonders geeignet.[15]

3.4 Zusammenfassung

In „Der lange Weg nach Jerusalem" sucht der Autor den universalen Anspruch des Islams und das damit verbundene Gefahrenpotential für den Westen historisch zu belegen. Die zentrale Aussage ist, dass der Islam auf Grund seines politisch motivierten Wesens im Kern dominant und daher gewaltstiftend ist. Aus Koranzitaten, Teilen der islamischen Eroberungsgeschichte sowie eigenen journalistischen Erfahrungen kommt der Autor zu dem Ergebnis, dass der von heutigen Fundamentalisten praktizierte Islam die Religion im eigentlichen Sinne verkörpert.

4 Analyse

Das Kapitel lässt sich in vier Sinneinheiten untergliedern, von denen jedes seine eigenen stilistischen Besonderheiten aufweist. Im Folgenden werde ich diese mit Bezug auf ihre inhaltlichen Schwerpunkte hin untersuchen und die damit einhergehende Erzeugung eines Negativbildes des Islams analysieren.[16]

---

[15] Das Kapitel umfasst die Seiten 31 – 75.
[16] Im Folgenden soll der Einfachheit halber weitgehend auf die konjunktivische Verbform verzichtet werden. Es handelt sich, soweit nicht anders angegeben, um Thesen aus genanntem Werk, von dessen Inhalt sich der Verfasser distanziert.

4.1 Erster Abschnitt[17]

Der westliche Trugschluss

Peter Scholl-Latour beginnt dieses erste Kapitel mit dem Tod des Ayatollah Khomeini im Jahre 1989: ein historisch bedeutsames Ereignis, an dem sich die Arglosigkeit Europas hinsichtlich der Gefahr des islamischen Fundamentalismus' offenbart hat. Die westliche Welt hatte angenommen, dass mit dem Ende der Khomeini-Ära auch das Ende der islamischen Revolution einhergehen würde und verschloss sich daher in naivem Glauben an ein neues Zeitalter von Frieden und Toleranz der akuten Gefahr des neuen „islamischen Eifers". In knapper Form beschreibt der Autor wie „die große Bewegung des koranischen Bekennertums"[18] auf diese Weise den Kommunismus ersetzte und gegen Ende des Kalten Krieges rasch in die Sowjetunion Einzug nehmen konnte.

Der ewige Kontrast zwischen Orient und Okzident

An diesem ersten Teil des Kapitels lässt sich bereits ein Stil erkennen, der als exemplarisch für das ganze Buch, im Ansatz sogar für alle Werke Scholl-Latours, bezeichnet werden kann. Bereits im ersten Satz definiert der Autor seine Position (und die seiner Leser) mit der Aussage „die westliche Welt atmete auf" in Bezug auf den Tod Khomeinis. Im Folgenden schafft er den dazu passenden Kontrast, indem er der „westlichen Welt" nun die „trauernde Menschenmasse" in Teheran entgegensetzt, welche „ihre Trauer in kollektiver Hysterie zur Schau"[19] gestellt habe. In nur zwei Sätzen schafft der Autor damit schon zwei Prämissen, die der Leser für den weiteren Verlauf als solche anzuerkennen hat:

1. „Der Westen" ist säkular und damit rational, denn er trauert keinem „bärtigen Religionsfanatiker" nach.

2. „Der Islam" ist eine große irrationale Masse, denn er veranlasst Millionen oder mehr Menschen („wer konnte sie zählen?") dazu, ihren Verstand unter die Allmacht eines Ayatollah zu stellen.

Dieser Kontrast wird auf den folgenden Seiten in den verschiedensten Gewändern immer

---

[17] (S. 31 – 33).
[18] Scholl-Latour, S. 31.
[19] Ebd., S. 31.

wieder auftreten, oft begleitet von Attributen, die die Ahnungslosigkeit des Westens demonstrieren gegenüber „dem großen islamischen Sturm", „dem Erwachen des Islam", „dem weltumgreifenden Phänomen"[20] usw. Die genannten Beispiele repräsentieren aber auch gleichzeitig ein weiteres oft genutztes Stilmittel: Metaphern, insbesondere Bilder, die eine Bedrohung darstellen und teils schon fast apokalyptische Charakterzüge aufweisen. So sieht der Autor in einer Islamisierung Aserbaidschans Anfang der neunziger Jahre das „heilige Feuer nach Norden" überspringen, wo sich „der islamische Eifer entzündete"[21]. Die Begriffe „Feuer" und die „Entzündung von Eifer" spielen auf eine Urangst des Menschen an – der Islam verhält sich wie ein Funken zu trockenem Stroh, das die ganze Welt bedeckt. So schnell wie sich also Feuer verbreiten und alles von den Menschen mühevoll Erbaute in Asche verwandeln kann, so schnell schafft es nach dieser Vorstellung auch der Islam, jeden Winkel der Welt zu beherrschen.

4.2 Zweiter Abschnitt[22]

Die kriegerische Natur des Islam
Darauf lässt der Autor nun seine folgenden historischen Exkurse folgen, die den universalen Anspruch des Islam verdeutlichen sollen und sich durch das gesamte Kapitel ziehen. Seine erste Betrachtung gilt dem Propheten Mohammed, der sich „seiner universalen Mission" bereits bewusst war und seine Botschaft daher geschickt zu verbreiten wusste. Für den nächsten Punkt holt Scholl-Latour etwas weiter aus, nun geht es um den Nahost-Konflikt, bei dem „die jungen Palästinenser […] einen uralten Erbstreit"[23] fortführen. Dieser ist nicht nur auf Grund der Feindseligkeiten zwischen Muslimen und Juden im siebten Jahrhundert ein historisch wiederkehrendes Phänomen, sondern vielmehr war er von Anfang an bereits festgelegt. Als Beweis dafür lässt der Autor in Bezug auf das Alte Testament und die Intifada der Palästinenser Parallelen (wie die Geschichte von David und Goliath) einfließen, die veranschaulichen sollen, mit welch historischem Determinismus sich das Land Israel konfrontiert sieht. Kennt man diese Tatsache, so fällt es auch nicht mehr schwer, den Wandel von nationalistischer Motivation hin zu islamischer Revolution in den besetzten Gebieten als solche zu begreifen.

---

[20] Ebd., S. 31 f.
[21] Ebd.
[22] (S. 33 – 54).
[23] Ebd., S. 36 f.

Ein kurzer Verweis auf die fünf Säulen des Islam führt den Autor zu seinem dritten Punkt: der Pilgerfahrt. Diese entlarvt er als Pulverfass islamischen Aufruhrs und belegt dies mit der Anführung verschiedener Unglücke und Anschläge, die seit Ausbruch der islamischen Revolution nunmehr an der Tagesordnung seien. Im Hinblick auf die Abstammung von Arabern und Juden und deren eng verwandte Traditionen gipfelt die Feindschaft und Rivalität der beiden Völker in der „abrahemitischen Inspiration des Hadsch"[24]. Das Bekenntnis schließlich, die *šahāda*, ist das Siegel dieser Rivalität, da sich darin der universale Anspruch der Religion für jeden Muslim deutlich manifestiert.

Den letzten und besonders prägnanten Aspekt seiner Argumentation liefert die Debatte um die berüchtigten „Satanischen Verse" des indisch-britischen Autors Salman Rushdie, die einen Aufschrei in der islamischen Welt verursacht hätte. Aus diesem Ereignis leitet der Autor das Fehlen „geistige[r] Brücken zur aufgeklärten Permissivität" ab, „der[er] sich das Abendland verschrieben hat und deren es sich rühmt"[25]. Ein weiterer Exkurs in die kriegerischen Unternehmungen des Propheten und die im Gegensatz dazu unpolitische Mission Jesus' geben die Antwort auf die Frage, warum sich Muslime in fremde Kulturen so schwer integrieren ließen – nämlich auf Grund der besagten Unterschiede zwischen Mohammed und Jesus. Auch auf die Frage, was Fundamentalismus nun eigentlich bedeutet, findet er eine Antwort. Dies sei, so zitiert Scholl-Latour einen Pater in Marseille, „die wahre koranische Lehre"[26].

Aberglauben heißt „širk"

Für diesen zweiten Teil ist die Verwendung arabischer Begriffe und Namen besonders charakteristisch - meist im Kontext von Religion – unter dem Vorwand, diese dem Leser erklären zu müssen. Dass es sich nicht tatsächlich um notwendige Begrifflichkeiten handelt, ist nicht schwer zu erkennen: Der erste arabische Begriff, den der Autor verwendet, ist „Ma'dub alaihi" [maġḍūb ʿalayhi], dessen Herkunft er allerdings mit keinem Wort erwähnt. Vermutlich handelt es sich um ein Zitat aus der Sure al-Fātiḥa, in der der Muslim Gott darum bittet, ihn nicht auf den Weg derer zu führen, denen er zürnt. Allerdings zitiert er sie

---

[24] Ebd., S. 42.
[25] Ebd., S. 52.
[26] Ebd., S. 54.

falsch[27] und nutzt eine Umschrift, die es kaum möglich macht, den Begriff richtig auszusprechen – und wozu sollte er dem Leser dann nutzen? Sinnvoll ist seine Anführung also weder für einen Kenner der arabischen Sprache noch für den Laien, der sich eventuell ein islamisches Grundvokabular anzeigen sucht. Ebenfalls die folgende Vokabeleinheit „Yaum ed din" [yaūm al-dīn] für „den Tag des Jüngsten Gerichts" findet keinen inhaltlichen Bezug im Text, was kaum verwundert, ist die nächste Sinneinheit doch bereits die „Intifada", zu deutsch „Aufrütteln" wie der Autor beiläufig erklärt, die „fast tausend arabische Todesopfer […] gefordert hat"[28].

Hier kommen drei Elemente zusammen: Die Übersetzung eines auch im Westen recht geläufigen Begriffs und damit die Stärkung der übersetzerischen Autorität des Autors, eine zynische Beiläufigkeit, die von der Existenz einer unendlichen Masse an vergleichbaren Informationen zu sprechen scheint und schließlich die eigentliche Bedeutung des Begriffs, die gut in das bisher gezeichnete Schema der Bedrohlichkeit passt. Unbeirrt erklärt der Autor, die Araber würden Abraham auch „El Khalil" nennen, die „Götzenwelt der Unwissenheit" übersetzt er mit „Dschahiliya" und Palästina mit „Filistin"[29]. Diese Liste könnte endlos fortgesetzt werden, zumal jede Übersetzung – und das nur in diesem Kapitel – bis zu fünf Mal an verschiedenen Stellen wiederholt wird. Kein einziges Mal folgt auf ihren Einschub ein inhaltlicher Bezug. So wird Abraham beispielsweise erst an viel späterer Stelle nochmals erwähnt und der „Dschahiliya" folgt eine lapidare Beschreibung der Gewalt in Gaza.

Der geblendete Samson

Ein weiteres Stilmittel – vielleicht das wichtigste von allen – soll innerhalb dieses Sinnabschnitts exemplarisch vorgestellt werden: Ich nenne es „das Mittel der Beliebigkeit". Tatsächlich handelt es sich dabei um historische Parallelen, die der Autor mit außerordentlicher Beharrlichkeit und auf sprachlich einzigartige Weise durchgehend in seine historischen Exkurse einbaut. Oft fällt es auch hier schwer, den Sinn darin zu erkennen, da man auf Grund ihrer auffälligen Konstruiertheit ihre Aussage schwer nachvollziehen kann. Ein Beispiel soll hier zitiert werden. Es handelt sich um einen historischen Vergleich, der

---

[27] In der Sure al-Fātiḥa heißt es: maġḍūb ʿalayhim.
[28] Scholl-Latour, S. 36.
[29] Ebd., S. 36 f.

dem Hinweis auf den Tausch der Rollen Davids und Goliaths in Bezug auf die heutige Lage Israel-Palästinas folgt.

> „In Gaza wurde – so berichtet die Bibel – auch der hebräische Kriegsheld Samson von den Philistern gefangen gehalten und geblendet, ehe er die dortigen Palastsäulen mit übermenschlicher Kraft einriss. Geblendet zu sein in Gaza, das ist auch heute noch die Gefahr, der sich der moderne jüdische Staat und seine Streitmacht aussetzen bei ihrem rücksichtslosen Vorgehen gegen die Intifada. Ist es ein Zufall, dass gerade in Gaza die nationalistische, arabisch-palästinensische Motivation durch die Parolen der islamischen Revolution, durch die koranische Rückbesinnung überlagert wird?"[30]

Die Rhetorik der Frage ist offensichtlich, ihr Bezug zu den vorigen Informationen hingegen umso weniger. Was hat eine angebliche Belebung islamischer Parolen damit zutun, dass Samson erblindete? Und warum gehört zu dieser historischen Parallele nicht auch die Information, dass Samson mit dem Einreißen der Palastsäulen die Philister mit ihm in den Tod reißen wollte? Fragen, deren Beantwortung sich in wagen Vermutungen auflösen würden. Interessanter ist der Aufbau dieses Abschnitts, der häufig in Scholl-Latours Parallelen zu finden ist:

Er beginnt seine Schilderung mit dem Hinweis auf eine Bibelstelle, aus der er in einem Satz eine Begebenheit nacherzählt, ohne dem Leser dabei die Möglichkeit zu geben, diese selbst nachzulesen (da Quellenangaben stets fehlen) und überträgt diese auf ein Phänomen der Moderne. Abschließend ergibt sich aus der beschriebenen Kausalität immer auch eine unmittelbare Konsequenz allgemeiner Natur, in diesem Fall ist es das „Wiedererwachen des Islams", an anderer Stelle meist die in historischen Bahnen festgefahrene islamische Brutalität.

Spätestens im Verlauf des folgenden Abschnitts fällt es schwer, den Autor nicht einer gewissen Heuchelei zu bezichtigen. Während es kurz zuvor um die Hamas in Gaza geht, durch die „die weltweite Gemeinschaft der islamischen ‚Umma' aufgerüttelt"[31] würde, folgt nun eine Einführung in die Grundlagen des Islams – das zumindest könnte man erwarten, wenn der Autor die fünf Säulen des Islams seinen Erläuterungen voran stellt. Nach ihrer Aufzählung – die letzte ist die Pilgerreise – geht es folgendermaßen weiter:

> „Die letzte Verpflichtung ist fakultativ. Nicht jedem Muslim ist es vergönnt, die Reise nach Mekka, die oft mit großen Ausgaben und Beschwernissen belastet ist, persönlich durchzuführen. Aber der Wunsch, an diese heiligste Stelle zu gelangen, sollte die Frommen beseelen. [...]

---

[30] Ebd., S. 38 f.
[31] Ebd., S. 39.

> Jedes mal löst die Zeit des Hadsch bei den Sicherheitsbehörden des Königreichs Saudi-Arabien große Nervosität aus. Seit Ausbruch der islamischen Revolution im Iran und den Bannflüchen Khomeinis ist es immer wieder zu Zwischenfällen und Anschlägen gekommen." [32]

Nach dieser Beschreibung widmet der Autor über eine ganze Seite der Aufzählung diverser Anschläge, die sich im Kontext der Pilgerreise zugetragen haben sollen. Wäre dieses Kapitel dem Sicherheitsrisiko des Haddsch zugedacht, so wäre dies eine Form der Auseinandersetzung mit der Thematik. Den Beginn bildete aber die Vorstellung der Grundpfeiler des Islam. Diese erwähnt Scholl-Latour demnach ausschließlich, um seine bedrohlichen Beschreibungen in den passenden rhetorischen Rahmen zu pressen und nutzt diesen ein weiteres Mal als Bühne zur Darbietung seiner fundierten Islamkenntnisse aus. Der ein oder andere Leser ist mit Sicherheit beeindruckt.

An diesem Beispiel wird ein weiteres Muster deutlich, das sich durch das gesamte Werk zieht: Ein Themenabschnitt beginnt, ohne dass der Leser auch nur ansatzweise ahnen kann, wohin ihn diese Reise führen soll. Die Sprache ist simpel, der Stil erweckt den Anschein, informativen Charakter zu haben. Tatsächlich sind die Aussagen kaum aufschlussreich, sondern führen den Leser in einen „Prozess der Zustimmung" ein, aus dem er nicht mehr aussteigen kann, selbst wenn die Zusammenhänge im Verlauf immer weniger schlüssig werden. Es ist nicht schwer, der Tatsache beizupflichten, nicht jeder Muslim könne sich die Pilgerfahrt leisten und es liegt ebenfalls auf der Hand, dass jeder Muslim den Wunsch hat, sie anzutreten. Durch diese suggestive Informations- und Sprachwahl sucht der Autor das Vertrauen des Lesers in seine Autorität als Spezialist für arabisch-islamische Fragen zu gewinnen, was ihn im Anschluss daran völlig freie Hand bei der Auswahl seiner Schlussfolgerungen lässt.

4.3 Dritter Abschnitt[33]

Die Gründung Israels als Auslöser „islamischer Rückbesinnung"
Im folgenden Teil widmet sich Scholl-Latour der Frage, was der politische Auslöser für eine „islamische Rückbesinnung" war. Dazu verweist er ein weiteres Mal auf die uralte Rivalität zwischen Juden und Arabern, wobei er diesmal den eigentlichen Gipfel der

---

[32] Ebd., S. 42 – 44.
[33] (S. 54 – 70).

Feindschaft in den Folgen des Holocaust ausmacht. Allerdings greift er auch an dieser Stelle auf seine Theorie des historischen Determinismus zurück und beschreibt die heutige Situation der Palästinenser daher als einfachen Rollentausch in neuer Besetzung „des ewigen Wanderers Ahasvers"[34]. In jeder beschriebenen Entwicklung findet Scholl-Latour die Rückkehr in einen „ewigen Kreislauf", sei es eine „unbewusste Anpassung" der Palästinenser an frühe zionistische Vorstellungen oder die Rolle der US-Truppen, die als „abendländische Kreuzritter des Mittelalters"[35] agieren.

Das Bild des gefährlichen Halbmondes

Während im ersten Teil die historischen Ursprünge des Zionismus und die Gründung Israels relativ übersichtlich, wenn auch auf schemenhafte Weise, dargestellt werden, reiht der Autor im nächsten Teil eine These an die andere, ohne dass der geringste Bezug zu erkennen ist. So folgt auf die Erwähnung des Massakers von Sabra und Schatila die scheinbar daraus unmittelbar abzuleitende Feststellung:

„An eine friedliche Koexistenz mit den Arabern konnten die Juden nun nicht mehr ernsthaft glauben. Die Palästinenser entdeckten ihrerseits, dass sie sich auf den Mythos des großarabischen Nationalismus nicht verlassen konnten."[36]

Daraus leitet der Autor im Folgenden die verschiedensten Schreckensszenarien ab, welche „mit der Stunde der Extremisten"[37] nun ihre eigene Prophezeiung erfüllten. Diese Metapher scheint den Autor zu jedem historischen Spagat zu berechtigen, denn unmittelbar danach begibt er sich in die Zeit der Kreuzzüge, deren Burgen von den Arabern heute als Schutz im Kampf gegen Israel genutzt würden und in denen sich „die Christenheit mit dem Mut der Verzweiflung festgekrallt und dem Ansturm des Halbmondes standgehalten"[38] hatte. „Am Ende" jedoch „waren die Kreuzfahrer und ihre streitbaren Orden der muslimischen Überzahl unterlegen". Die „Christenheit" zeichnen demnach Attribute wie Standhaftigkeit und Mut aus, der „Halbmond" hingegen muss heute auf die uralten Burgen der Besiegten zurückgreifen und verdankt seine Stärke nicht etwa der Tapferkeit seiner Kämpfer, sondern deren bloßen Überzahl. Die unmittelbar daran anknüpfende „Revolution Khomeinis" geht einher mit dem Fall Roms und der Bildung der schiitischen Terrororganisation Djihad al-

---

[34] Scholl-Latour, S. 57. Damit ist nun der Palästinenser der einst von Jesus verfluchte ewige Wanderer. Vgl. Behn, S. 22 – 35.
[35] Scholl-Latour, S. 63.
[36] Ebd., S. 62.
[37] Ebd., S. 64.
[38] Ebd.

Islami, dessen Anführer Hussain Mussawi wiederum schon im Mittelalter - damals in Erscheinung des „legendäre[n] Alte[n] vom Berg" - zu finden war.[39]
Immer wieder greift der Autor auf historische Bezüge zurück, die sich in ihrer vermeintlichen Bedrohlichkeit weiter zuspitzen. Begriffe wie die „bärtigen Fanatiker" im Libanon, die „hermetisch abgeschotteten Trutzburgen" der Palästinenser, die „verschleierte[n] Frauen mit Kalaschnikow und Panzerfaust" der Hisbollah und der „neue Nebukadnezar Saddam" werden in regelmäßigen Abständen mittelalterlichen Geschehnissen beigefügt.[40]

4.4 Vierter Abschnitt[41]

Der Islam als globales Machtinstrument
Nachdem nun klar geworden sein sollte, welche akute Gefahr vom Islam bzw. islamischem Fundamentalismus ausgeht, geht der Autor im folgenden Teil auf die massive globale Verbreitung extremistischer Bewegungen ein und auf die damit verbundene *konkrete* Bedrohung für den Westen. Besondere Erwähnung findet der Anführer der islamischen Ammal-Miliz, deren Anhänger es schafften, die Amerikaner, Franzosen und Israelis „aus Beirut herauszubomben".[42]

Um die Dominanz (und damit die größere Bedrohung) des Islams gegenüber dem Judentum aufzuzeigen, greift der Autor erneut auf den Religionsbegründer zurück, der – und dies findet nun zum dritten Mal in diesem Kapitel Erwähnung – neben dem religiösen Führer
und „perfekten Menschen" auch ein ausgezeichneter „Feldherr" war. Darin sieht der Autor auch den Grund für die Forderung im Koran, „dass sie um der gerechten Sache willen töten und getötet werden", was zum „Einzug ins Paradies" führe[43].

Der Islam ist weltweit im Vormarsch und sorgt überall für Unruhen.
Zur Glaubhaftmachung dieser These unternimmt der Autor im Folgenden eine gedankliche Weltreise. Diese hat ihren Anfang in Afrika, wo sich der Islam „auf Grund seiner Einfachheit […] unter den Schwarzen"[44] so gut verbreiten kann. Weiter geht es nach

---

[39] Ebd.
[40] Ebd., S. 66 – 69.
[41] S. 70 – 75.
[42] Scholl-Latour, S. 64.
[43] Ebd., S. 70.
[44] Ebd.

Nordamerika, wo „ebenfalls" der militante Islam existiert, sowie nach Indonesien, Pakistan, Bangladesch, China. Zum Schluss stellt der Autor fest, dass selbst auf dem Balkan „in unserer unmittelbaren europäischen Nachbarschaft [...] das islamische Erwachen" Einzug findet.[45] Jedes dieser Länder hat auf eigene Weise das Konfliktpotential des Islams bereits zu spüren bekommen, was der Autor an verschiedenen Beispielen durchgängig darlegt.

Gottes ist der Orient – Gottes ist der Okzident

In diesem letzten Teil kommen noch einmal alle bisher erläuterten Textmerkmale zusammen:

- Metaphern der Bedrohlichkeit wie „das islamische Erwachen", „der Islam im Vormarsch"[46] und Vergleiche, deren Intensität im Laufe des Textes dramatisch zunimmt
- das Einfließen scheinbar beiläufiger Informationen, hier die kurze, aber prägnante Feststellung „Auch in Bangladesch hat sich *übrigens* ein streng islamischer Staat herausgebildet. Die Masse der Mohammedaner auf dem Subkontinent wird auf mehr als dreihundert Millionen geschätzt."[47] [Hervorh. d. Verf.]
- die Übersetzung belangloser Begrifflichkeiten ins Arabische, hier das Wort „abid"[48] für „Neger" oder „Sklave", worin der Autor den Beweis für den Rassismus der Araber sieht
- der Rückgriff auf den Propheten Mohammed unmittelbar nach Informationen über den Islam, die nicht ins Schema der Bedrohlichkeit passen: „Der Heilige Krieg gehört nicht zu den Grundgeboten, den fünf Säulen des Islam. Aber schon der Prophet Mohammed bewährte sich als Feldherr"[49]
- historische Parallelen, die das vermeintlich Unerklärliche auf diese Weise verdeutlichen sollen; hier der Hinweis auf Bilal, dem ersten Muezzin, der als „schwarzer Afrikaner [von Muhammad] besonders ausgezeichnet"[50] wurde, worin die Ursache für den Erfolg des Islams in Afrika läge.

---

[45] Ebd., S. 71 ff.
[46] Ebd., S. 75.
[47] Ebd., S. 73.
[48] Ebd., S. 70.
[49] Ebd., S. 70.
[50] Ebd.

Den Abschluss dieses Kapitels bildet ein Zitat aus dem West-östlichen Divan Goethes: „Gottes ist der Orient – Gottes ist der Okzident"[51], der darin auf den Vers im Koran zurückgriff „Allah gehört der Osten und der Westen. Wohin ihr euch (beim Gebet) wenden möget, da habt ihr Allahs Antlitz vor euch. Er umfaßt (alles) und weiß Bescheid." (Q: 2:115)[52] Ob der Autor das Koranzitat tatsächlich im Sinne eines Absolutheitsanspruchs missverstanden hat oder dessen Bedeutung bei der eisernen Suche nach einem literarischen Abschluss einfach keine Rolle spielte, bleibt ungeklärt. Verstehen muss bzw. sollte man es wohl gar nicht, ist doch die offensichtliche Intention des Autors, den universalen Anspruch des Islams im Bewusstsein des Lesers zu verankern.

4.5 Sprache der Bilder

Entscheidend für die Verinnerlichung von Bedrohungen ist auch ihre bildliche Darstellung. Diese kommt in Scholl-Latours Buch sehr häufig vor. Um genau zu sein: 45 Mal und das nur in dem hier behandelten ersten Kapitel, also auf 44 Seiten.

Die verwendeten Illustrationen lassen sich in folgende Kategorien einteilen: Darstellungen von:
- Massenveranstaltungen: die Wallfahrt, Trauerveranstaltungen und Demonstrationen
- Kriegs- und Gewaltszenen: Kämpfe zwischen der israelischen Armee und Palästinensern sowie deren Folgen (schwere Verwüstungen, oft verbunden mit Bränden im Hintergrund)
- Muslimen, die eindeutig als solche erkennbar sind: Anhänger fundamentalistischer Organisationen, religiöse Führer und Politiker
- alten Illustrationen aus dem islamischen Raum: die Kaaba sowie aktuelle Aufnahmen religiöser Stätten
- orthodoxen Juden

Die Bildunterschriften beschreiben dabei selten das Bild als solches, sondern stellen eigene Thesen dar, z. B. steht unter einem winzigen Bild „Das Schlachten unzähliger Hammel erinnert an das mythische Opfer Ibrahims"[53], obwohl selbst bei genauem Hinsehen keine Hammel zu sehen sind, sondern Pilger, die sich die Haare rasieren und es sich daher offenbar um die Zeit nach dem Opferfest handelt. Drei US-Soldaten werden mit den Worten

---

[51] Ebd., S. 75.
[52] Koran-Übersetzung: Paret.
[53] Ebd., S. 39.

beschrieben „Die US-Marines, Nachfahren der Kreuzritter, landen in Beirut"[54]. Je zugespitzter die Beschreibungen des Autors, desto mehr Bilder gibt es auch auf der entsprechenden Seite und desto intensiver ist ihre Wirkung. Zurück bleiben Eindrücke von Zerstörung, aggressiven Massenbewegungen und einer Fremdheit, die auf bedrohliche Weise diffus ist.

5 Fazit

Gleich zu Beginn verdeutlicht der Autor seine Position in Bezug auf die „Verharmloser" des islamischen Fundamentalismus'. Er unterstellt den Europäern Naivität gegenüber dem „islamischen Erwachen". Sie gilt es nun abzustreifen und durch neue realistische Denkmuster zu ersetzen.

Seine „Analyse" beginnt Scholl-Latour bei dem Propheten Mohammed, der seiner Ansicht nach Gewalt im Namen Gottes als erster legitimierte bzw. sie sogar als Pflicht jedes Muslims im Namen der Religion vorschrieb. Damit befreit er sich von der an Verpflichtung, tatsächlich fundierte historische Zusammenhänge vorzubringen, um den Machtanspruch des Islam zu erklären. Seine Feststellung über den Propheten wird durch eine Vielzahl von Informationen untermauert, deren Auswahl recht willkürlich ist. Das Fehlen einer inhaltlichen oder linearen Anordnung der Ereignisse zeichnet das Bild eines vollkommen unverständlichen Nahen Ostens.

Dass der Autor nicht das Ziel verfolgt, geschichtliche Aufklärungsarbeit zu leisten, wird spätestens mit der Theorie des historischen Determinismus deutlich, wonach der Islam an einen historischen Kreislauf gebunden ist und alle politischen Geschehnisse unmittelbar mit der Religion zusammenhängen.

Die untersuchten sprachlichen und formalen Merkmale haben gezeigt, dass ihnen eine enorme Bedeutung bei der Legitimierung eines Feindbildes („der Islam" bzw. „die Gesamtheit seiner Anhänger") zukommt. Sprachliche und reale Bilder der Bedrohung dominieren eindeutig gegenüber tatsächlichen Fakten. Scholl-Latours historische Vergleiche, die Georg Auernheimer als „Kulturalismus" bezeichnet hat[55], verstärken diese

---

[54] Ebd., S. 56.
[55] Damit bezeichnet er die Dominanz von Kulturen gegenüber anderen Faktoren bei der Interpretation von Entwicklungen. Vgl. Auernheimer, S. 10 f.

Inhaltslosigkeit auf der einen und die Intensität der Botschaft auf der anderen Seite, was dazu führt, dass nur wenige Schlagworte im Gedächtnis bleiben.

Die Methodik des Autors lässt sich demnach formal in zwei Kategorien einteilen:
1. Methoden zur Skizzierung eines Bedrohungsszenarios
2. Methoden zur Festigung der eigenen Autorität und zur Manipulation des Lesers

Zur ersten Kategorie gehören die Erzeugung von Kontrasten, z. B. in Form von orientalistischer Kategorisierung (Zuschreibung von Attributen für *den* Westen bzw. *den* Islam), die Konstruktion historischer Parallelen als Ausdruck einer absoluten Unabwendbarkeit von Ereignissen (Gewalt im Islam als historische Gesetzmäßigkeit), der Einsatz zahlreicher Metaphern und Vergleiche („das Schwert des Islam", „der verstaubte Orient der Osmanen") sowie die endlose Aufzählung von sich wiederholenden Informationen („Der Islam" ist aggressiv, weil...).

Zur zweiten Kategorie zählen die Benutzung arabischer Begriffe sowie deren gelegentliche Übersetzungen, Informationen über den Islam (und auch seiner Geschichte) und das Erzeugen eines inhaltlichen Chaos' durch Bezugslosigkeit zwischen den einzelnen Unterthemen.

Ich halte diese Methodik der Polarisierung für äußerst gefährlich, da sie dem orientalistischen Diskurs eine neue Art der Schärfe verliehen hat. So wirken die beschriebenen Kriterien noch stärker verabsolutierend, bewirken und *legitimieren* schließlich das Festsetzen eines Bildes, das mittels inhaltlicher Argumente nicht entschärft werden kann, da es sich aus einer Vielzahl von Komponenten zusammen gesetzt hat. Der Islamwissenschaftler Heinz Halm hat dazu geschrieben: „Am Feindbild Islam stricken viele mit. Am gefährlichsten sind die, die es unter dem Vorwand historischer Belehrung oder
journalistischer Information tun."[56]

---

[56] Vgl. Halm, S. 12.

6 Literaturverzeichnis

Abdallah, Laila, *Islamischer Fundamentalismus – eine fundamentale Fehlwahrnehmung?*, Berlin, 1998.

Auernheimer, Georg, *Die unausweichliche welthistorische Konfrontation: Peter Scholl-Latours Fernsehserie "Das Schwert des Islam"*, in: Hörner, Karin / Klemm, Verena (Hg.), *Das Schwert des „Experten" - Peter Scholl-Latours verzerrtes Araber- und Islambild*, Heidelberg, 1993.

Behn, Siegfried, *Der ewige Jude,* Kempen/Niederrhein, 1947.

Bielefeldt, Heiner, *Das Islambild in Deutschland, Zum öffentlichen Umgang mit der Angst vor dem Islam*, Essay No. 7, 2. aktualisierte Auflage, Bonn und Berlin 2008.

Halm, Heinz, *Der innere und der äußere Feind*, in: Hörner, Karin / Klemm, Verena (Hg.), *Das Schwert des „Experten" - Peter Scholl-Latours verzerrtes Araber- und Islambild*, Heidelberg, 1993.

Hamadeh, Anis / Schwarz, Daniel, *Auge um Auge oder: Die wundersamen Erzählungen eines arabischen „Nahwest-Experten"*, in: Hörner, Karin / Klemm, Verena (Hg.), *Das Schwert des „Experten" - Peter Scholl-Latours verzerrtes Araber- und Islambild*, Heidelberg, 1993.

Hörner, Karin, Allah ist mit den Standhaften oder: Die Lage war noch nie so ernst, in: Hörner, Karin / Klemm, Verena (Hg.), *Das Schwert des „Experten" - Peter Scholl-Latours verzerrtes Araber- und Islambild*, Heidelberg, 1993.

Hörner, Karin, *Der Begriff Feindbild: Ursachen und Abwehr*, in: Peter Scholl-Latour und das „Reich des Bösen": Kritische Lektüre des Buches Den Gottlosen die Hölle, in: Hörner, Karin / Klemm, Verena (Hg.), *Das Schwert des „Experten" - Peter Scholl-Latours verzerrtes Araber- und Islambild*, Heidelberg, 1993.

Hottinger, Arnold, *Der Journalist als Historiker: Das Beispiel Peter Scholl-Latour*, in: Hörner, Karin / Klemm, Verena (Hg.), *Das Schwert des „Experten" - Peter Scholl-Latours verzerrtes Araber- und Islambild*, Heidelberg, 1993.

Kappert, Petra, *Peter Scholl-Latour und das „Reich des Bösen": Kritische Lektüre des Buches Den Gottlosen die Hölle*, in: Hörner, Karin / Klemm, Verena (Hg.), *Das Schwert des „Experten" - Peter Scholl-Latours verzerrtes Araber- und Islambild*, Heidelberg, 1993.

Rotter, Gernot, *Europa und der Orient: Geschichte und Wiedergeburt eines alten Feindbildes*, in: Hörner, Karin / Klemm, Verena (Hg.), *Das Schwert des „Experten" - Peter Scholl-Latours verzerrtes Araber- und Islambild*, Heidelberg, 1993.

Said, Edward, *Orientalism*, Frankfurt am Main, Berlin und Wien, 1981. Scholl-Latour, Peter:

Das Schwert des Islam, München 1992.

Schulze, Reinhard, *Vom Anti-Kommunismus zum Anti-Islamismus. Der Kuwait-Krieg als Fortschreibung des Ost-West-Konfliktes*, Peripherie 41/1991, S. 5-12.

Sommer, Gert, *Feindbilder und politisches Bewusstsein*, in: Psychosozial 12/1989, S. 19 – 36.

Internetquellen:

Daum, Werner, *Biografie Peter Scholl-Latour*, http://www.whoswho.de/templ/te_bio.php?PID=934&RID=1, abgefragt am 20.3.2011.

Özoguz, Yavuz, *Untersuchung der Übersetzungen des Qurans in die deutsche Sprache bis zum Ende des 18. Jahrhunderts*, http://www.eslam.de/begriffe/q/pdf/altedeutschequrane.pdf, abgefragt am 20.3.2011.

Zick, Andreas / Küpper, Beate / Hövermann, Andreas, *Brisante Studie: Europäer halten Islam für Religion der Intoleranz*, http://library.fes.de/pdf-files/do/07905-20110311.pdf, abgefragt am 20.3.2011.